L'ABC DE LA BD

TRUCS ET TECHNIQUES

ERIN O'CONNOR

ILLUSTRATIONS DE
DOMINIQUE PELLETIER

TEXTE FRANÇAIS
D'**ANN LAMONTAGNE**

Titre original : Canadian Cartooning – How to Draw Your Favorite National Characters and Landmarks
ISBN 978-0-545-99549-8

Édition publiée par les Éditions Scholastic, 604, rue King Ouest, Toronto (Ontario) M5V 1E1.

5 4 3 2 1   Imprimé au Canada   07 08 09 10 11

AVANT-PROPOS

Le Canada est rempli de beautés naturelles et... d'humour! Cet album te propose de dessiner le côté loufoque de notre faune, de nos merveilles naturelles et des symboles auxquels les gens du monde entier associent à notre pays. À l'intérieur, divisé en étapes faciles à suivre, se trouve le secret pour dessiner des créatures comiques, des personnages rigolos, des paysages fous et plus encore...

Tout d'abord, nous te donnons des trucs de base et la liste du matériel dont tu auras besoin. Puis, il suffit de te faire la main en dessinant les figures présentées dans les grilles selon la méthode expliquée dans ces pages. Finalement, nous avons ajouté nos curiosités canadiennes préférées et des conseils pour t'aider à faire tes propres bandes dessinées.

Il te suffit de suivre les instructions étape par étape, et tu pourras bientôt créer tes propres personnages. N'abandonne pas si tu n'y arrives pas du premier coup. C'est normal; « c'est en forgeant qu'on devient forgeron! »

Prêt? À tes crayons! Vas-y!

AVANT DE COMMENCER

Les cinq formes à ma gauche sont des figures à deux dimensions, et **presque** tout ce que tu dessineras sera composé de ces formes de base. Exerce-toi à les reproduire sur une feuille. Si ta feuille n'est pas quadrillée, sers-toi d'une règle et d'un crayon pour créer ta propre grille. La grille t'aidera à équilibrer les formes. Si tu fais plusieurs grilles à la fois, tu t'exerces davantage! Une fois cet exercice accompli, essaie de dessiner un personnage.

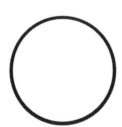
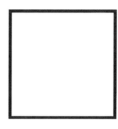

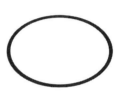

MATÉRIEL REQUIS

CRAYON

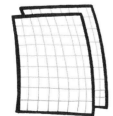

PAPIER
DE PRÉFÉRENCE 21,5 CM x 28 CM
QUADRILLÉ, C'EST L'IDÉAL!

**GOMME À
EFFACER**

**PAPIER
CALQUE**

**MARQUEUR
À POINTE FINE
CRAYONS DE COULEUR**

**TAILLE-
CRAYON**

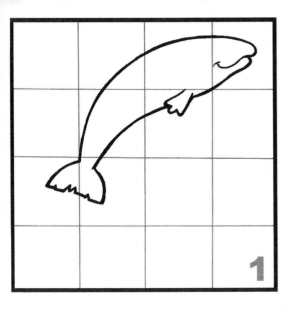

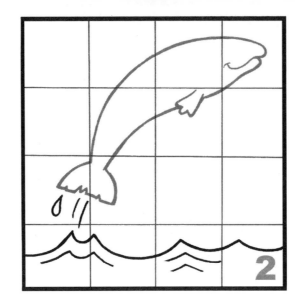

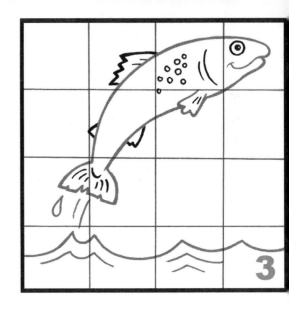

LE SAUMON

Contrairement à la plupart des poissons, le saumon partage sa vie entre l'eau douce et l'eau salée. Ce grand voyageur parcourt souvent des centaines, voire des milliers de kilomètres pour retourner frayer à l'endroit où il est né.

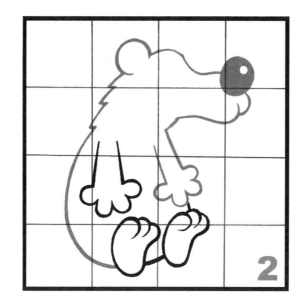

Les ours polaires paraissent blancs, mais, sous leur épaisse fourrure, leur peau est noire et leur langue est bleutée. Grâce à leurs larges pattes palmées, ils peuvent parcourir plus de 100 kilomètres à la nage.

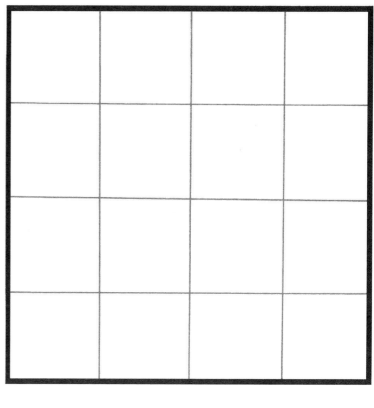

L'OURS POLAIRE

LA BERNACHE DU CANADA

Il y a 11 sous-espèces de bernaches du Canada. La plus grande de la famille, la bernache géante, est aussi appelée « outarde » au Québec. Elle peut peser plus de 8 kilos. La plus petite, la minuscule bernache minima, pèse à peine 1 kilo.

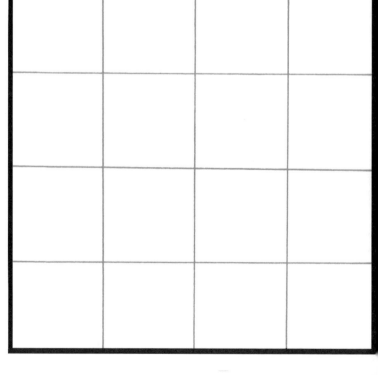

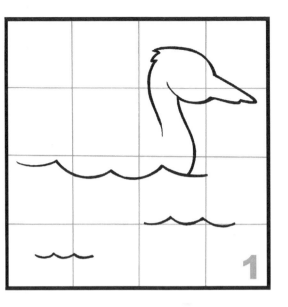

LE HUARD

L'oiseau officiel de l'Ontario est un surprenant plongeur qui peut descendre à des profondeurs de plus de 60 mètres pour attraper un poisson dodu. Excellent nageur, il se déplace difficilement sur terre puisque ses pattes sont placées à l'arrière de son corps. Pour marcher, le huard avance une patte après l'autre, sa poitrine traînant par terre.

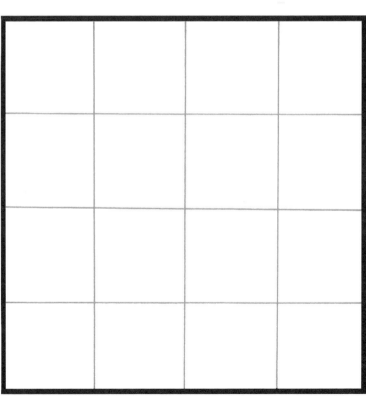

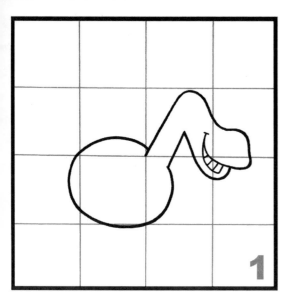

L'ORIGNAL

L'orignal est le plus grand mammifère d'Amérique du Nord. Il peut atteindre 5,7 mètres de haut, peser plus de 725 kilos et avoir des bois de 2 mètres d'envergure. Malgré sa taille imposante, c'est un animal agile, capable de courir à plus de 55 km/h. Voilà une bête qui ne manque pas d'élan!

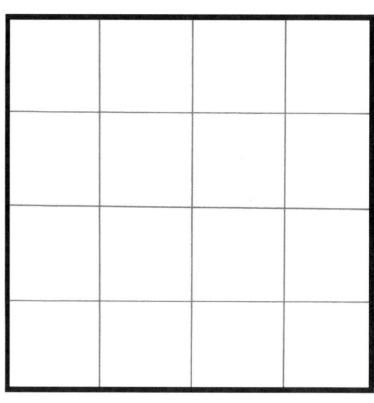

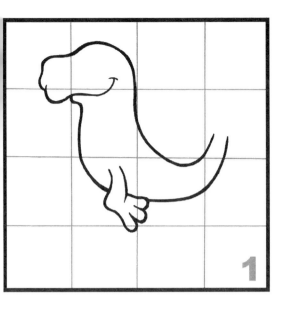

Six espèces de phoques vivent au Canada. Ce sont les phoques du Groenland, les phoques annelés, les phoques à capuchon, les barbus, les tachetés et les phoques à rubans. Le plus connu est le phoque du Groenland, dont les petits, qu'on appelle blanchons, sont connus pour leur belle fourrure blanche. Capables de dormir dans l'eau en position verticale, les phoques barbus ne laissent paraître que leur tête à la surface.

LE PHOQUE

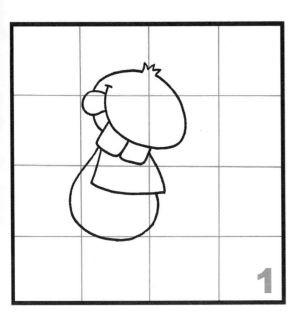

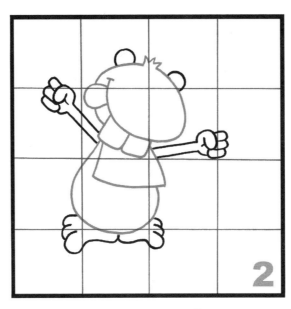

LE CASTOR

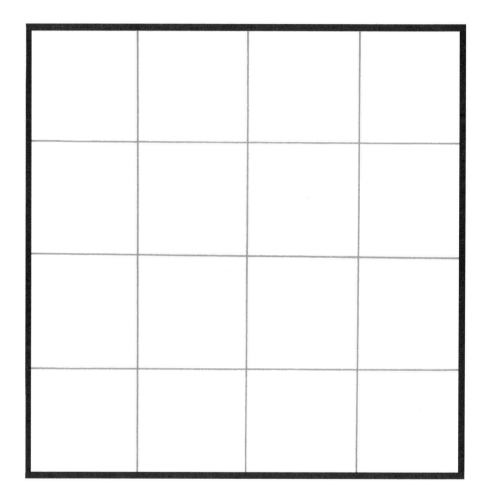

Les castors ont été menacés d'extinction à l'époque de la grande mode des chapeaux fabriqués avec leur fourrure. Aujourd'hui, ils font partie des espèces protégées et ils protègent à leur tour d'autres animaux en construisant des barrages qui préservent les terres humides. Leurs dents sont si tranchantes que les Autochtones s'en faisaient des couteaux. Heureusement qu'ils sont trop occupés pour mordre!

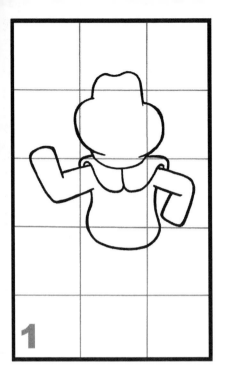

Le Bonhomme Carnaval, figure emblématique du Carnaval de Québec, est directement inspiré du bonhomme de neige qui décore le devant de nos maisons dès les premières chutes de neige. Il porte une tuque à pompon et la ceinture fléchée traditionnelle, mais rien ne t'empêche d'habiller le tien à ta façon.

LE BONHOMME CARNAVAL

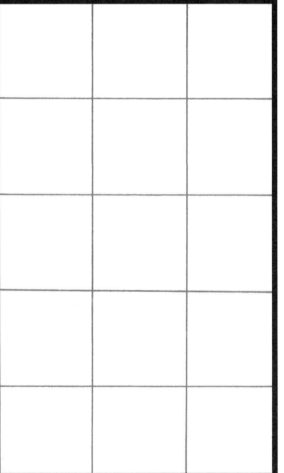

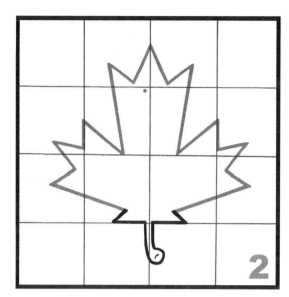

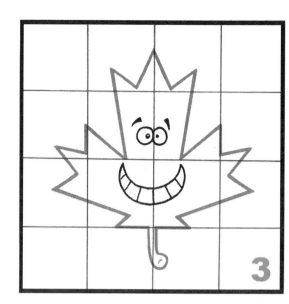

Quand les gens voient cette feuille rouge vif, ils pensent au Canada, même si les érables poussent aussi en Asie, en Europe et... en Afrique du Nord. Si tu veux goûter au meilleur sirop d'érable qui soit, trouve-toi un érable à sucre et entaille-le! Il y en a plein nos forêts et sa feuille orne notre drapeau. Génial, non?

LA POLICE MONTÉE

On reconnaît la Gendarmerie royale du Canada à son élégant veston rouge et son chapeau Stetson. La GRC, tout comme son prédécesseur, la police montée du Nord-Ouest, a pour mission de faire respecter la loi et de maintenir l'ordre. Ses représentants font figure de héros.

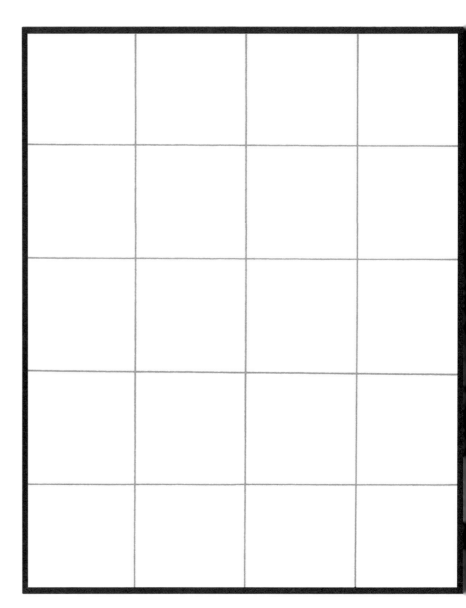

À l'origine, la police montée patrouillait à cheval ou en traîneau à chiens selon la température. C'était le bon vieux temps! Aujourd'hui, les cavaliers et leurs chevaux noirs défilent surtout les jours de parade au son de la musique militaire pour démontrer leur adresse.

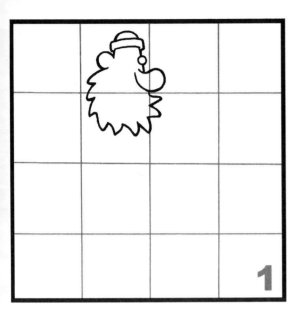

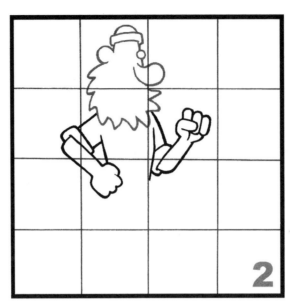

16

LE BÛCHERON

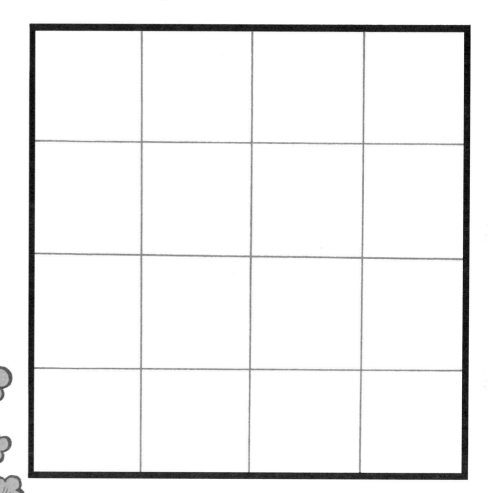

Dans l'ancien temps, les bûcherons étaient des hommes robustes qui vivaient dans des camps isolés, sans télévision ni salle de bain. Le « bûcheron de haute futaie » montait aux arbres à l'aide d'énormes crochets de fer, coupant les branches sur son passage. Le « siffleur » soufflait dans un sifflet pour avertir les travailleurs de se mettre à l'abri quand un arbre tombait.

Gare à vous!

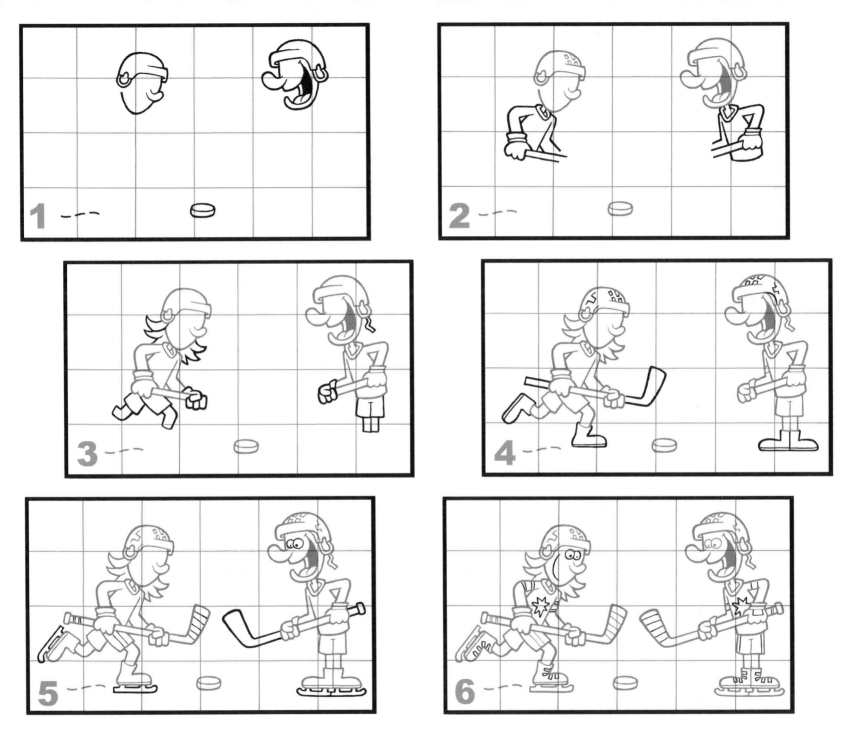

Le hockey a donné lieu au plus grand débat national sur les sports : où a-t-il commencé? Certains affirment que c'est à Windsor en Nouvelle-Écosse, d'autres, que c'est à Kingston en Ontario. Une chose est sûre, le hockey est le sport d'hiver officiel au Canada.

Place à la mise au jeu!

LES JOUEURS DE HOCKEY

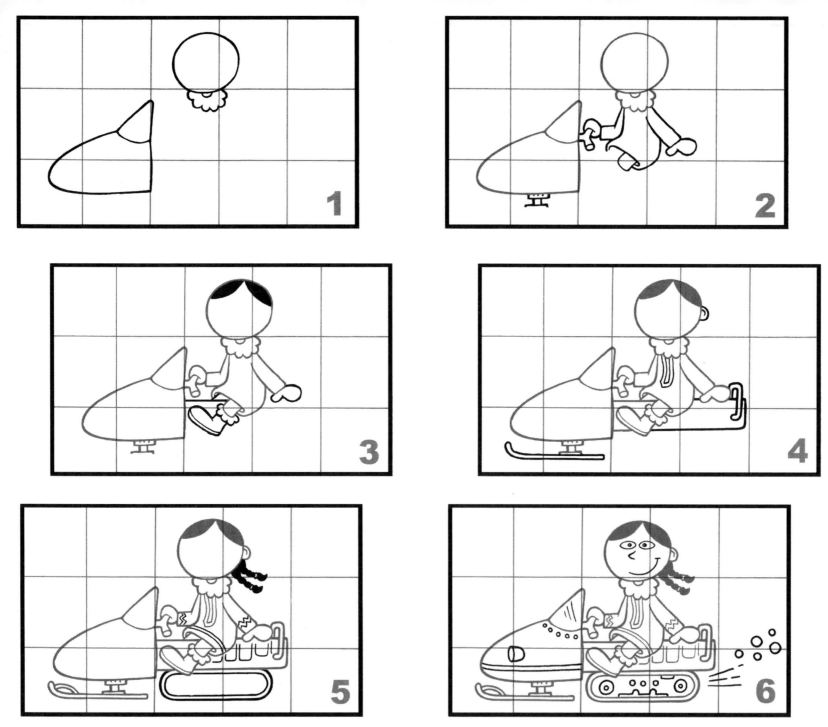

En inuktitut, le mot « Inuit » signifie « le peuple qui est vivant aujourd'hui ». Les premiers Inuits chassaient le caribou et le phoque, et pêchaient, en se déplaçant dans des traîneaux à chiens et des kayaks. La plupart d'entre eux habitent maintenant de petites communautés, vivent de trappage et du travail dans les mines. Ils se déplacent en VTT et en motoneiges.

Vrroooumm!

LES INUITS

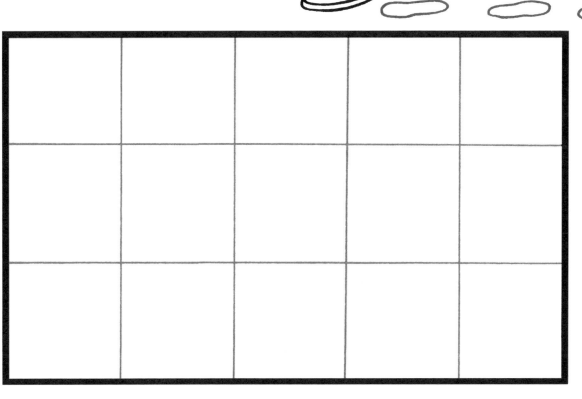

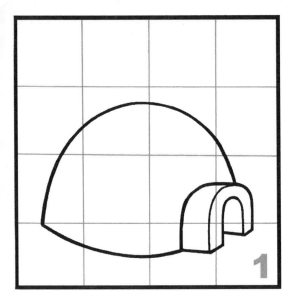

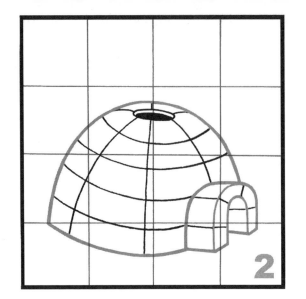

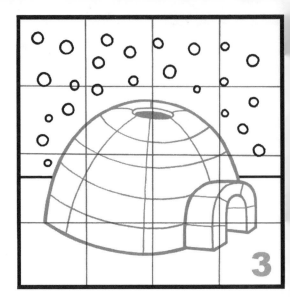

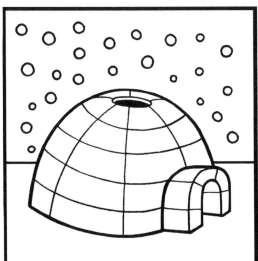

Alors que la température extérieure peut descendre jusqu'à -45 °C, il règne une température douillette de 16 °C à l'intérieur de l'igloo. La neige arctique est le matériau de construction idéal : il est léger, c'est un merveilleux isolant et on ne risque pas d'en manquer!

L'IGLOO

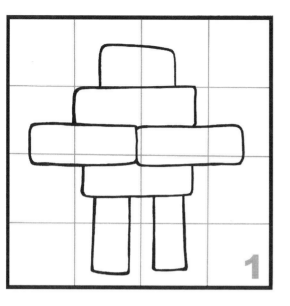

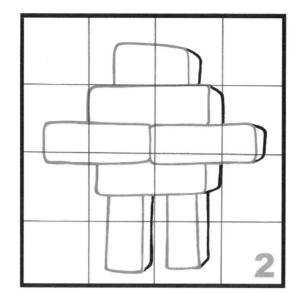

Les inukshuks sont des assemblages de pierres créés par les Inuits. Ils servent à plusieurs fins : de bornes pour la distance ou de repères, d'aides pendant les chasses, de symboles spirituels, sans oublier leur valeur purement artistique. Tu verras un inukshuk sur le logo des Jeux olympiques de Vancouver de 2010.

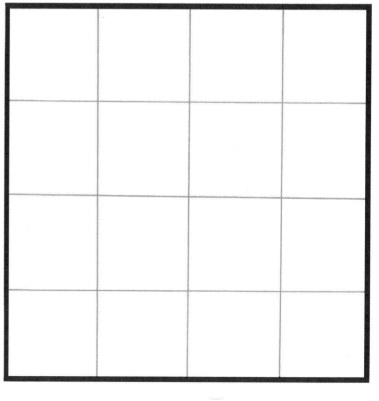

L'iNUKSHUK

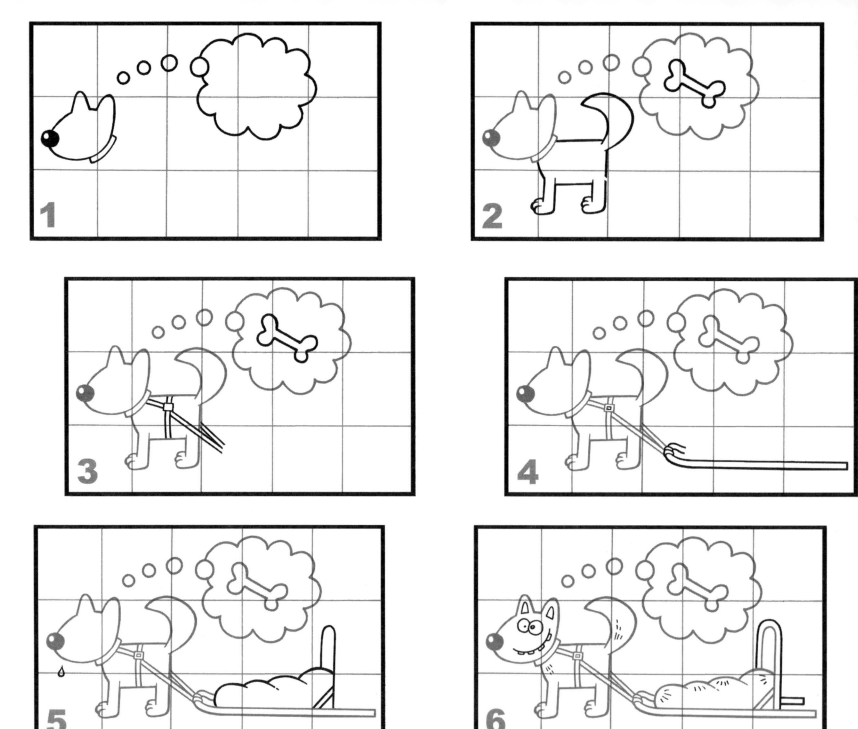

24

Le chien de traîneau inuit du Canada, autrefois appelé qimmiq, ressemble au husky, mais il s'agit d'une race complètement différente. D'ailleurs, le qimmiq n'a jamais les yeux bleus. Ce chien est parfaitement adapté au climat rigoureux de l'Arctique et peut tirer une fois et demie son propre poids sur de très longues distances. Il a transporté des explorateurs jusqu'aux pôles.

Mush!

LE QiMMiQ

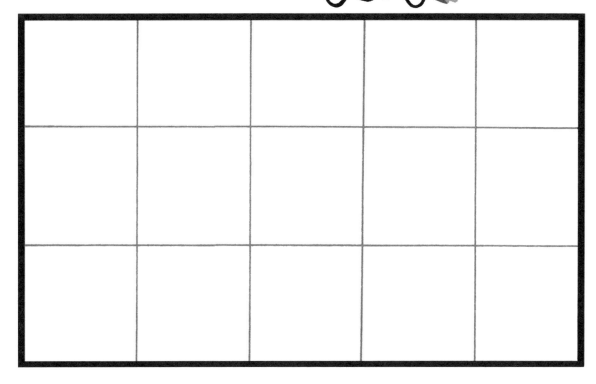

LA BAIE DE **FUNDY** LES ROCHERS HOPEWELL

LE PAYSAGE DES PRAIRIES

LE STAMPEDE DE CALGARY

LES ROCHEUSES

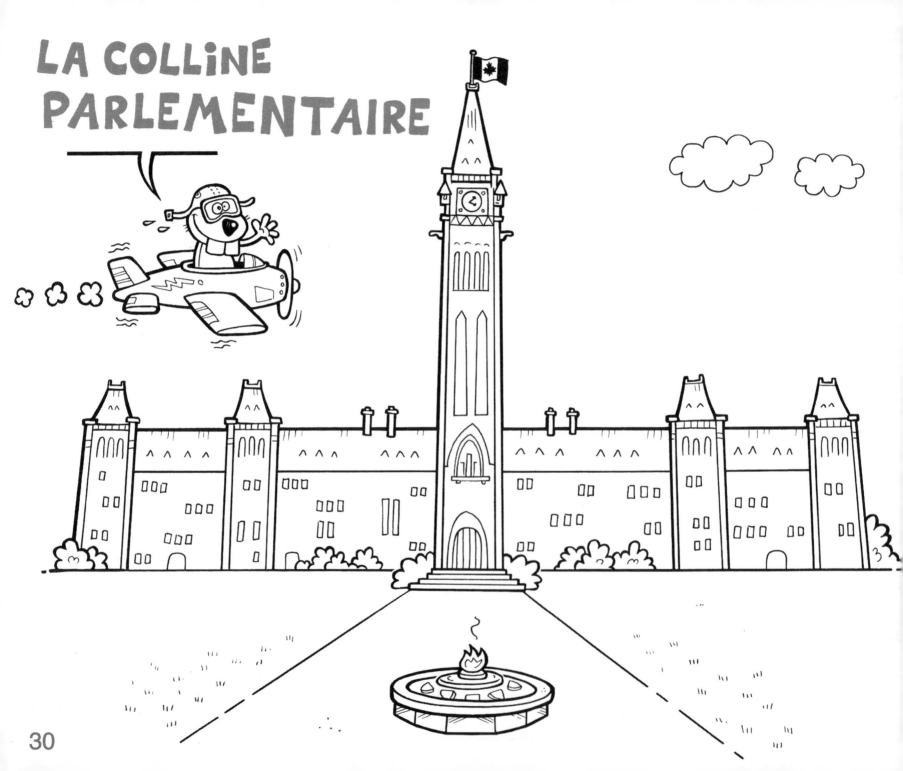

LA TOUR CN ET LE PANORAMA DE TORONTO

BÉDÉISTE DE GÉNIE

Un orignal détraqué?
Un bûcheron amoureux?
Donne vie à tes créations
les plus folles en les dotant
d'une personnalité unique.
Exerce-toi à dessiner ces
différentes expressions et
ajoute ton grain de sel!

N'oublie pas de faire parler tes personnages. Essaie d'écrire les grandes lignes de l'histoire avant de commencer à dessiner, en gardant en tête ce que t'inspirent tes personnages. En combinant les mimiques et la gestuelle avec le texte des bulles, il y a plusieurs façons d'y arriver!

Dans une bande dessinée, chaque image peut être cadrée différemment, comme une photographie. En voici quelques exemples...

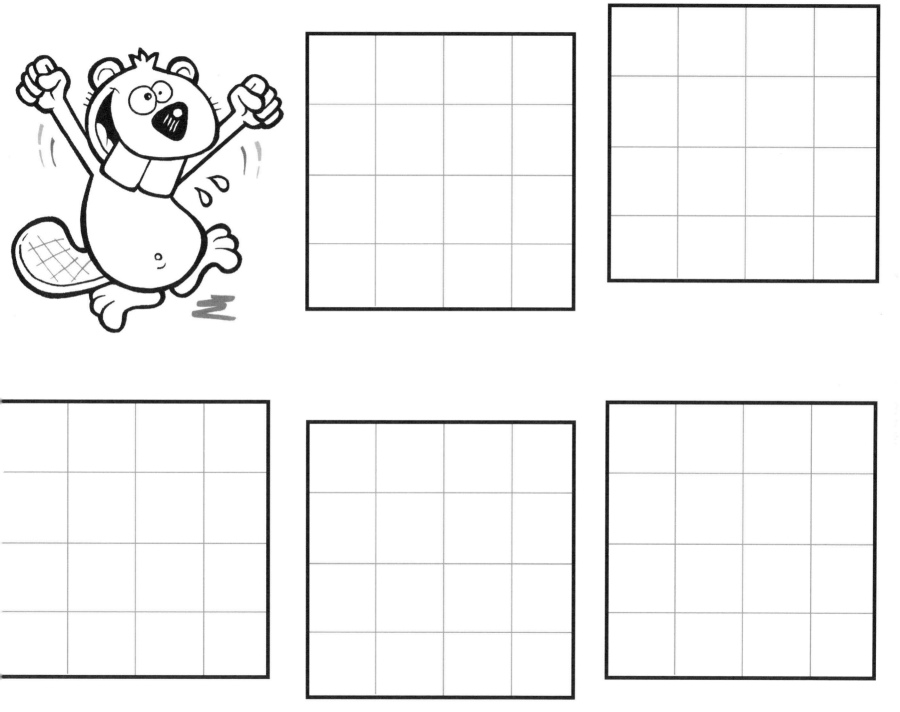

39